CASSONS LES VITRES!...

PAMPHLET ÉLECTORAL

Prix : 10 Centimes

LIBRAIRIE H. GAUTIER

55, QUAI DES GRANDS-AUGUSTINS, 55.

Déposé. — Reproduction interdite sans autorisation de l'Editeur.

INTRODUCTION

Quelques mois avant de mourir, M. Littré, démocrate notoire et patriote clairvoyant, disait à ses amis politiques :

« Prenez garde aux élections de 1885 !... La République, qui a duré ce que durent chez nous les gouvernements depuis un siècle, peut y sombrer, et pour le coup d'une manière irrévocable... Suivant le mot biblique, le peuple, après cette troisième et dure épreuve, ne retournerait plus à son vomissement. »

———◆———

La prophétie de l'austère penseur va-t-elle s'accomplir?... La nation française, à la fois si capricieuse et si intelligente, va-t-elle sortir du bourbier où une poignée d'intrigants l'a jetée, où elle se débat sous la pire des servitudes ?...

Allons-nous recouvrer la paix troublée, le bien-être disparu, et voir la concorde se substituer à l'antagonisme ?...

Où bien la France va-t-elle, comme il y a quatre-vingts ans, descendre la pente révolutionnaire jusqu'à la Terreur, jusqu'à la déprédation, jusqu'à la ruine de tous, sans profit pour personne?...

———

On se propose, dans cet écrit familier, de démontrer la vraisemblance, la nécessité de la première solution.

Pour le faire, on mettra de côté les vains ménagements, la phraséologie édulcorée.

Qui frappe juste peut frapper fort.

Cassons les vitres!

———◆———

A la Bourse.

— Vous achetez, M. Prudhomme?

— Non, M. Mercadet, je vends.

— Cependant le « ciel politique » est sans nuages, à l'extérieur comme à l'intérieur.

— Pas tant que ça. Au dehors, nous avons le conflit allemand-espagnol. Au dedans, nous avons les élections. Une boîte à surprises.

— La République triomphera sur toute la ligne.

— En êtes-vous bien sûr?... Au temps du Directoire, les Ferry, les Clémenceau et autres Floquet ne s'attendaient pas à être mis au rancart par le général Bonaparte... Il y a douze ans, si le comte de Chambord avait accepté le drapeau tricolore, la République était bel et bien f...lambée.

— Vous comptez sans le suffrage universel.

— Et vous, vous l'escomptez. Ce qu'il a fait en un jour d'exaltation, le suffrage universel peut le défaire en un jour de lassitude.

— Ce serait une révolution.

— Pas du tout. Ce serait la fin de la « Révolution ».

------♦------

Les impôts.

La République, au dire de ses partisans, devait être un gouvernement à *bon marché*.

Elle coûte au pays, bon an mal an, *le double* de ce que coûtait la Monarchie.

La *Liste civile* républicaine, partagée entre une bande de risquons-tout et de faméliques, dépasse *quatre fois* le chiffre qu'elle atteignait sous la royauté et sous l'empire...

Avec cette différence : que l'empereur ou le roi faisaient des largesses aux artistes, aux travailleurs, aux indigents, tandis que président, sénateurs, députés, etc., gardent tout pour eux.

Tel ministre, entré au pouvoir sans le sou, en sort au bout de peu de temps avec de belles rentes et, comme le sous-lieutenant de la *Dame blanche,*

S'achète un château sur ses économies.

———

Sous la République, tout le monde court aux places, surtout celles où l'on a le moins de besogne et le plus d'argent. Il suffit de montrer patte *rouge* à la fente de l'huis pour voir la chevillette tomber. Le budget des fonctionnaires s'est accru de *cent soixante-dix millions* par an, et il promet de monter encore !...

Quant aux contribuables, ils doivent à la République l'insigne honneur de payer plus d'impôts qu'aucune nation n'en paye dans aucun pays. *Cent trente-cinq francs* par tête et par an !

Lorsque la *taxe sur le revenu,* annoncée l'autre jour par M. Ferry, sera établie, propriétaires et rentiers, marchands et industriels, soumis à l'inquisition fiscale, jouiront d'une complète félicité... républicaine.

L'Etat, le département, la commune, ne cherchent qu'à dépenser ; on mange le blé en herbe...

Où cela mène-t-il ?

Cela mène les populations à la misère, et la République à la banqueroute. Les *quarante-cinq centimes* de 48 ne sont pas loin, en attendant la *planche aux assignats* de 93...

———◆———

A la Chambre.

— *M. Ferry*. Je dresse, sur la tribune, le drapeau de la « politique coloniale ».

— *M. Clémenceau*. La politique coloniale, telle que vous l'entendez, c'est du sang versé, c'est de l'or gaspillé sans raison, sans compensation.

La démocratie française veut la paix et le travail. Vous êtes, ainsi qu'était Gambetta, des hommes d'aventures et de prodigalités.

— *M. Ribot*. Vous êtes, vous et vos amis, des révolutionnaires !...

— *M. Madier-Montjau*. Nous nous en faisons gloire. Si les élections du 4 octobre sont *radicales*, nous reprendrons l'œuvre de la Convention...

— *M. Baudry-d'Asson.* Y compris l'aimable promesse de Diderot :

Avec les boyaux du dernier des prêtres,
Nous étranglerons le dernier des rois.

— *M. Ballue.* Très bien !

— *M. le duc de Larochefoucauld-Bisaccia.* La France, fatiguée, déshonorée, ruinée par la République, n'a qu'un moyen de salut : rentrer, avec ses libertés acquises, sa fierté respectée, ses droits reconnus, ses intérêts protégés , dans la grande famille européenne.

— *M. Clovis Hugues* (accent marseillais). Les républicains ne se laisseront pas juguler. Je soulèverai le Midi, bagasse !...

— *M. Georges Périn.* Moi, le Limousin, n.. de D...!

— *M. Léon Amagat.* Moi, l'Auvergne, fouchtra !...

— *M. Jules Delafosse.* Vous ne soulèverez rien du tout. D'abord, ce serait vous insurger contre la volonté nationale légalement exprimée. Ensuite, vous vous exposeriez à de fâcheux désagréments... On prétend que la veille du 14 octobre (sous Mac-Mahon le débonnaire), la plupart d'entre vous, suant la peur, couchaient *incognito* et se disposaient à filer sur Bruxelles et Folkestone...

— *Voix à gauche.* C'est faux !

— *Voix à droite.* C'est vrai !

— *M. Paul de Cassagnac.* Ajoutez que les lièvres de la veille auraient été les caméléons du lendemain. Qui voyait-on dans les antichambres du premier empire ? D'anciens jacobins, d'anciens athées... Que faisaient sous Napoléon III les Galliffet et autres coryphées du régime actuel? Ils menaient le cotillon à Compiègne et luttaient de courbettes aux réceptions des Tuileries.

— *Une voix dans la tribune des journalistes.* Ce qui s'est vu se reverra.

— *M. Duportal* (accent toulousain). A la porte !...

* * *

Au Sénat.

— *M. Bocher.* Vous avez entrepris pour *douze milliards* de travaux publics, les uns inutiles, les autres prématurés... Et cela dans le but de vous faire une popularité de mauvais aloi...

— *M. de Freycinet.* Vive la République !...

— *M. Chesnelong.* En outrageant la religion, en opprimant le clergé, en laïcisant les écoles, en expulsant les sœurs et les aumôniers des hospices, vous cherchez à déchristianiser, à bestialiser la France...

— *M. Schœlcher.* Vive la République !...

— *M. Buffet.* Par l'extension incessante des emprunts (1), vous frappez l'industrie, le commerce, l'agriculture...

— *M. Tolain.* Vive la République !...

— *Le maréchal Canrobert.* Les entreprises du Tonkin, du Cambodge, de Madagascar, etc., outre qu'elles sont onéreusement intempestives, ont pour effet d'affaiblir gravement nos forces militaires... jusqu'à nous mettre hors d'état de lutter avec chance de succès dans le cas — toujours à prévoir — d'une conflagration européenne...

— *Le général Campenon.* Vive la République !...

— *M. Lareinty.* Criez donc plutôt : Vive Bismarck ! Vive la Prusse !...

— *Le président.* Je vous rappelle à l'ordre !

---

(1) Depuis que la République est gouvernée par des républicains, la dette nationale a été augmentée de trois milliards.

A Mont-sous-Vaudrey.

— *M. Grévy*. Ah ! vous voilà, mon che
gendre. Eh bien ! quelles nouvelles ?

— *M. Wilson*. Mauvaises, cher beau-père
et non seulement de Paris, mais de la pro
vince.

— *M. Grévy*. Il paraît qu'on se chamaill
fort pour les élections.

— *M. Wilson*. Tellement que le gain de l
partie est très incertain. Les républicains
plus divisés que jamais, en sont à se repenti
d'avoir aboli le scrutin d'arrondissement.

— *M. Grévy*. Le scrutin de liste, encor
une lubie de Gambetta, qui en a commis pa
mal d'autres... Un joli successeur que j'aurai
eu là, et qu'aurait eu la République !...

— *M. Wilson*. Vous m'y faites songer
Votre bail présidentiel finit à Noël. Est-c
que décidément vous renoncez à la lutte ?...

— *M. Grévy*. C'est-à-dire que j'y renonc
sans y renoncer. Si le Congrès me nommait d
nouveau, j'accepterais par dévouement.

— *M. Wilson*. (A part) Et par intérêt. —
(Haut) Vous avez une chance : c'est que vo
compétiteurs sont plus nombreux que sérieux

— *M. Grévy*. Oui. Ferry est conspué, Brisson est énigmatique, et Floquet ridicule... Mais il y a l'homme au sabre.....

— *M. Wilson*. Qui ça, l'homme au sabre ? Galliffet ?...

— *M. Grévy*. Non, un autre, surgissant à l'heure où l'on s'y attendra le moins.

— *M. Wilson*. Alors la République n'aurait pas longtemps à vivre.

— *M. Grévy*. C'est mon avis, et voilà pourquoi j'accepterais volontiers une seconde élection. Avec moi, on n'a pas à craindre de 18 Brumaire.

— *M. Wilson* (à part). Vous êtes orfèvre, monsieur Josse !...

— *M. Grévy*. En attendant, si nous réglions nos petits comptes du mois ?...

— *M. Wilson*. J'ai retardé de 48 heures mon voyage pour ça. On m'a payé en or, et l'or fait douze sous (par mille francs) de prime.

— *M. Grévy*. C'est à considérer.

— *M. Wilson*. Nous disons donc 100,000 francs de traitement et 25,000 francs de frais de voyage.

— *M. Grévy*. Sur quoi il a été dépensé...?

— *M. Wilson*. Pas un radis. Vous êtes sédentaire, beau papa. Le billard vous suffit au logis, la chasse au dehors... Et celle-ci, loin de vous coûter, vous rapporte.

— *M. Grévy*. En effet, je fais vendre aux Halles mes chevreuils, lièvres, faisans, perdreaux et cailles. Les distribuer à mes compagnons de chasse, ou les envoyer aux hospices, pas si bête !...

— *M. Wilson* (à part). Et dire qu'un tel Harpagon me reproche d'employer la griffe présidentielle pour affranchir mes correspondances !...

***

Instruction primaire.

Les républicains prétendent avoir largement développé l'instruction populaire.

La vérité est qu'ils ont dépensé beaucoup d'argent — l'argent des contribuables, bien entendu, — troublé les consciences, désorganisé l'enseignement et mécontenté les instituteurs.

La République a construit des espèces de palais que les maîtres et maîtresses ne peuvent meubler et où ils vivent, c'est le cas de le dire, de continuelles privations.

La *laïcité* a jeté l'irritation dans les familles chrétiennes.

L'obligation est une odieuse tyrannie, surtout pour la classe ouvrière.

La *gratuité* est un leurre. Au lieu que ce soit, comme sous les précédents régimes, le riche qui paye pour le pauvre, c'est le pauvre, au moyen de l'impôt, qui paye pour le riche.

Quant aux instituteurs, la sujétion du service militaire, qui va leur être imposée, fera déserter la carrière enseignante par la plupart des hommes de capacité et d'avenir.

Dans les petites communes où une seule école est possible, la loi du 29 mars constitue une véritable iniquité.

Lors donc que dernièrement, à Lyon, un orateur jacobin a glorifié M. Ferry au sujet de la trilogie scolaire et révolutionnaire, il a commis, tout uniment, une plate flagornerie.

Ou bien l'on reviendra, avec ou sans la République, à l'ancien mode d'enseignement; ou bien les écoles communales, sans crucifix ni prières, onéreuses pour les municipalités, antipathiques aux habitants, tomberont entre les mains des déclassés dans les villes et des rebouteux dans les campagnes.

Enclume et marteau.

En fait de négation religieuse comme en fait d'empirisme politique et de démolition sociale, les jacobins actuels ne sont que des plagiaires.

Ce qu'ils entreprennent contre la religion et le clergé, leurs ancêtres de 93, puis leurs précurseurs de 1848, l'ont essayé.

Vainement, et pour le malheur, — peu regrettable en soi, — de la République.

La Réveïllère-Lepaux et ses *théophilanthropes* excitèrent la risée universelle.

« Il nous manque, disait Pierre Leroux, il nous manque une théologie..... Tenons-nous-en au catholicisme. »

Protestation des libres-penseurs d'alors : Raspail en tête, Carnot en queue, et Cantagrel en serre-file.

On sait ce qu'il advint.

Il en sera, sous la troisième République, ce qui en a été sous ses deux aînées.

La Religion et ses ministres sortiront victorieux de l'épreuve à laquelle les soumet l'impiété des démolisseurs.

Des catacombes aux belluaires, du moyen

âge à la Révolution, du connétable de Bourbon à Mazzini, l'Eglise a traversé d'autres orages.

Ces crises sont dans le dessein de Dieu.

Il est bon, d'ailleurs, que l'adversité répète aux catholiques insouciants ce que Jésus disait aux apôtres endormis : Veillez !

Au Cimetière.

(On vient de descendre dans la fosse le cercueil d'un enfant. Nombreuse assistance. Un personnage barbu et chevelu, ceinture rouge aux reins et ruban maçonnique au cou, s'avance sur le bord de la tombe.)

— *Le citoyen Fripouille* (déclamant). Encore un enterrement civil...

— *Un spectateur*. Dites un enfouissement.

— *Le citoyen Fripouille*. Encore un honneur pour la République et un triomphe pour la *Libre-pensée !*... La citoyenne Cornélie Greluchet, qui nous réunit autour de son cercueil, n'avait que dix-huit mois; mais elle promettait une adepte fervente aux doctrines rationnelles et matérialistes.

— *Deuxième spectateur*. Qu'en savez-vous?...

— *Le citoyen Fripouille*. J'en ai pour garants ses père et mère, Brutus Greluchet et Raspaillette Brisetout, qui se sont conjoints civilement et maçonniquement, sans plus se soucier du sacrement de mariage pour eux que, plus tard, du sacrement de baptême pour la citoyenne décédée.

— *Premier spectateur*. Autant vivre et mourir comme des toutous, alors !... (Murmures.)

— *Le citoyen Gringoire*. Ce n'est là, du reste, qu'un acheminement. Bientôt nous supprimerons les cimetières, avec les croix, les prières et autres simagrées de la superstition.

— *Deuxième spectateur*. Que ferez-vous ?...

— *Le citoyen Gringoire*. Ce qu'on va faire à Paris : nous brûlerons les morts.

— *Premier spectateur*. Ce sera du propre ! (Nouveaux murmures parmi les assistants décorés d'immortelles.)

Chez un banquier.

— Bonjour, monsieur Benoîton. Comment vont les affaires ?

— Pas bien, monsieur Trébuchet, pas bien. La saison d'hiver va manquer comme a manqué la saison d'été. Vos satanées élections font tort à la vente.

— Bah ! vous êtes un bon républicain, vous ?...

— Je m'en flatte.

— Et la mévente ne vous effraye pas ?

— Si fait. J'ai deux billets chez vous fin courant ; si c'était un effet de votre bonté de me les renouveler à 90 jours ?...

— Impossible, monsieur Benoîton. Tout le monde en ce moment vient chercher de l'argent, et personne n'en apporte. Serait-il vrai, comme on le dit en Bourse, qu'il file sur l'étranger ? Ça ne prouverait pas de la part des capitalistes une grande confiance dans la République.

— La confiance renaîtra après les élections.

— Surtout, n'est-ce pas, si elles sont rouges ?...

— Revenons à nos moutons, c'est-à-dire à mes deux billets... Avec l'endos de mon beau-père...

— Ce sera bien pour vous obliger. Vous savez, sept du cent, plus les écritures. Venez demain à midi ; on aura préparé les broches.

— Merci bien !...

Dans une mansarde.

— *Françoise*. Eh bien ?

— *Tourangeau*. Eh bien ! le contremaître, en faisant la paye, nous a dit qu'à partir de lundi on ne travaillerait que trois jours par semaine.

— *Françoise*. Pourquoi ça?

— *Tourangeau*. A cause des élections. Les patrons ne veulent pas avoir en magasin de la marchandise qui pourrait ne pas être vendue.

— *Françoise*. Et vivre, nous et les gosses?...

— *Tourangeau*. Que veux-tu? Il faut bien sacrifier quelque chose pour la République.

— *Françoise*. Avec ça qu'elle nous rapporte gros, la République! Pas d'ouvrage la moitié du temps, sans compter les grèves.

— *Tourangeau*. C'est la faute des patrons.

— *Françoise*. Dis plutôt celle des faux travailleurs, qui vous mettent à pain cherché et se gobergent avec votre argent.

— *Tourangeau*. C'est possible; mais on ne peut pas agir autrement que les camarades.

— *Françoise*. Toujours est-il qu'autrefois j'allais chaque mois à la Caisse d'épargne et que maintenant je vais chaque semaine au Mont-de-Piété.

— *Tourangeau*. Prends patience, ma chérie ; ce n'est qu'un temps à passer. La République fera le bonheur de la démocratie.

— *Françoise*. Tu parles comme les bavards des clubs. Ce qui viendra pour les travailleurs, c'est la misère après les privations. Vous autres, les hommes, ça ne vous empêche pas de *rigoler* ; nous, les femmes, nous pleurons, au coin de la cheminée sans feu, avec les petits qui demandent du pain...

— *Tourangeau*. Est-ce ma faute, voyons ?...

— *Françoise*. Oui, ta faute, et celle des braves ouvriers qui, pouvant remédier au mal, le laissent persister, ou même y contribuent. Ah ! si l'on donnait aux ouvrières et aux ménagères le droit de voter, elle n'en aurait pas pour longtemps, votre République !

Sur le champ de foire.

— *Premier fermier*. Ah ! ça, mais, c'est une véritable calamité ! Nous avons encore moins de bétail qu'à la dernière foire, et presque ri que des bœufs, des moutons, des porcs venus de l'étranger.

— *Deuxième fermier*. Que voulez-vous ! Nos gouvernants républicains, au lieu de protéger le cultivateur français par un droit d'entrée sur les bestiaux exotiques, favorisent les éleveurs allemands, suisses, belges, américains.

— *Troisième fermier*. De plus, ils enlèvent au Trésor une trentaine de millions, qui nous serviraient à construire ou à réparer nos routes vicinales, nos chemins agricoles.

— *Premier fermier*. Même histoire pour les grains. L'affluence des blés étrangers nous force à vendre les nôtres à perte. Le temps n'est pas loin où l'on n'en sèmera plus dans nos exploitations.

— *Deuxième fermier*. Nombre de cultivateurs renoncent à la lutte et mettent la clef sous la porte. Les champs en friche, les étables vides, les mendiants par bandes dans les bourgs et les hameaux : telle sera la *République des paysans* de M. Ferry et des députés ses complices.

— *Troisième fermier*. Oui, si les *porte-blouse* se laissent empaumer encore une fois. Non, s'ils se regimbent.

— *Premier fermier*. Le fait est, comme dit le proverbe, que nous avons le pain et le couteau. Un bout de papier, avec des noms dessus, nous voilà rassurés, heureux et libres, comme au temps passé, que beaucoup de républicains — sans en convenir — seraient charmés de voir reparaître.

— *Troisième fermier*. Qu'ils donnent un petit coup d'épaule aux conservateurs, — leurs anciens et sûrs amis, — ce sera besogne tantôt bâclée !...

Les Tribunaux.

Il n'a pas suffi à la République de bouleverser la magistrature en écartant des prétoires des hommes de savoir et de devoir, pour leur substituer des hommes de passion et d'ambition ; on parle maintenant de supprimer les « petits » tribunaux, ceux qui, suivant nos réformateurs à coups de serpe et de marteau, n'ont pas à juger un assez grand nombre de procès chaque année.

Ce beau projet aura pour résultat : d'abord de priver les chefs-lieux judiciaires du prestige et des bénéfices attachés à la présence d'un tri-

bunal; ensuite d'obliger les plaideurs à de
fortes dépenses et à de nombreux déplace-
ments.

Ce n'est pas tout. Les républicains se propo-
sent d'appliquer le jury aux affaires correction-
nelles. On verra alors se multiplier les scan-
dales de certains arrêts, qui portent atteinte
à l'autorité des lois, au respect de la justice, à
l'ordre social et à la sécurité domestique.

Quant aux juges de paix, leurs attributions
vont être largement — trop largement — éten-
dues; mais on leur refuse l'inamovibité, ga-
rantie de l'indépendance et de la considération
dont cette magistrature familiale a besoin
d'être entourée.

Souffrirez-vous, Électeurs, ces agissements
du parti révolutionnaire?...

L'Armée.

Ainsi qu'elle a troublé la justice et l'enseignement, la République n'aura ni fin ni cesse
qu'elle n'ait désorganisé l'armée.

Le service de trois ans est un attrape-ni-
gauds. Les républicains, qui ont crié pendant

vingt ans contre les *armées permanentes*, for-
cent tout le monde à être soldat ; et non plus
cinq ou sept ans (avec exception et dispense
pour un tiers des conscrits), mais de vingt
ans à quarante ans... sans parler des vétérans
au coupe-chou ébréché, et des écoliers faisant,
avec un manche à balai, l'exercice.

C'est le *militarisme* à outrance, c'est la
France enrégimentée, caporalisée, prussifiée.

Citoyens, pères de famille, travailleurs ru-
raux et citadins, c'est à vous de combattre
cette utopie du fusil et de la caserne au détri-
ment de l'outil et de l'atelier, de la vigne et
du champ, du comptoir et de l'usine.

Le régime soldatesque, limité quant au
chiffre des conscrits et quant aux années de
service, est celui qui convient à notre nation.
Il nous a donné Alger, Isly, Magenta, Sébas-
topol... qui valent peut-être, comme noms
glorieux, le Tonkin et la Tunisie.

A la salle Graffard.

— *Le citoyen Giboyer.* Pour ce qui est d'un
programme électoral, le mien est bien simple.

Je demande la confiscation du capital, le partage des biens et l'avènement du prolétariat.

— *Groupe des collectivistes.* C'est ça ! A bas les bourgeois ! A bas les riches !...

— *Le citoyen Boissec.* L'ancienne devise : Vivre en travaillant, n'en faut plus. Mettons sur le pavois les martyrs de Nouméa et de l'île des Pins.

— *Groupe de fédérés.* Vive la Commune!...

— *La citoyenne Paule Minck.* Ça nous va ; mais à condition que les femmes aient les mêmes droits que les hommes. Je ne vois pas pourquoi moi, par exemple, je ne serais pas préfette ou sénatrice.

— *Une voix.* Et Louise Michel présidente de la République. (Murmures.)

— *Le citoyen Balandard.* Ne prêtons pas à rire à nos adversaires.

— *Groupe de terroristes.* Prêtons-leur à pleurer.

— *Le citoyen Giboyer.* Nous voulons une Chambre composée de sans-culottes et de bras-nus. A notre tour d'avoir l'assiette au beurre.

— *Groupe de blanquistes.* — Très bien ! Et tout de suite !...

— *Le citoyen président.* — Occupons nous des candidats. Je propose Félix Pyat ?

— *Une voix.* C'est un lâcheur|!

— *Le citoyen président.* Rochefort ?

— *Autre voix.* C'est un aristocrate !

— *Le citoyen président.* Clémenceau ?...

— *Autre voix.* C'est un intrigant !

— *Le citoyen président.* Floquet ?

— *Autre voix.* C'est un repu !

— *Le citoyen président.* Préférez - vous B...?...

— *Autre voix.* C'est un voleur !

— *Le citoyen président.* Préférez - vous R...?...

— *Autre voix.* C'est un m.....

— *Le citoyen président.* Puisque vous refusez de pareils républicains, je ne vois qu'un moyen : c'est de mettre en tête de notre liste Saint-Just, Marat et Robespierre !

(Violent tumulte. Vociférations. On montre le poing au président, qui prend son chapeau et s'esquive par une porte dérobée. La séance est levée au cri de : *Vive la Sociale !* et au chant de la *Carmagnole.*)

Un Club au Village.

— *Le père Froment.* Voyons, Chalumeau,

ne te démène donc pas comme ça. Si tu as de bonnes raisons à donner pour les candidats républicains, donne-les sans te fâcher. Tu te fâcherais, que ça serait la même chose.

— *Chalumeau*. C'est vrai que je m'emporte ; mais qui est-ce qui ne s'emporterait pas en vous voyant, vous et d'autres, tourner le dos à la république ?

— *M. Frapesle*. C'est que la République, après nous avoir, comme on dit, promis plus de beurre que de pain, ne nous a causé que des ennuis et des sacrifices.

— *Quillenbois*. Supposons que le gouvernement actuel soit renversé aujourd'hui pour demain, qu'est-ce que vous mettrez à la place ?

— *Le père Froment*. Ça, mon garçon, ce n'est pas notre affaire ; mais sois tranquille : la France, pas plus alors que les autres fois, ne manquera pas de gouvernement... Notre devoir à nous — et aussi notre intérêt — est de choisir pour députés des hommes qui répareront les fautes commises, et de laisser de côté les hommes qui les continueraient et les aggraveraient.

— *Bridois*. Enfin, qu'est-ce que vous lui reprochez, à la République ?

— *M. Frapesle.* Nous lui reprochons de nous avoir jetés dans la guerre et dans les prodigalités, lorsque le pays était, comme il l'est encore, pour la paix et pour les économies.

— *Chalumeau.* Des phrases !...

— *Le père Froment.* Comment ! des phrases ?.. Ah ! c'est des phrases, l'expédition du Tonkin ; c'est des phrases, l'élévation croissante des impôts ; c'est des phrases, les attaques contre la religion et le clergé... Des phrases aussi, n'est-ce pas ? la crise dans laquelle se débattent l'industrie, le commerce, l'agriculture...

— *Quillenbois.* Tout ça peut se réparer.

— *M. Frapesle.* Avec des députés conservateurs, c'est possible ; et encore il y faudra de la patience et du temps... Si on laissait le pouvoir aux mains des républicains — les jacobins qui font le mal, les girondins qui le laissent faire — notre pauvre France serait bientôt en proie à l'anarchie, peut-être même menacée d'une invasion étrangère !...

— *Chalumeau.* Vous voyez tout en noir.

— *Le père Froment.* Et toi, Chalumeau, tout en rouge.

— *Quillenbois.* On se comptera autour des urnes, le 4 octobre.

— *M. Frapesle*. Oui, bien sûr, on se comptera. Dieu, qui protège la France, ne voudra pas son malheur.

— *Quelques voix dans la salle*. Vive la République !...

— *Voix plus nombreuses*. A bas la République !...

———◆———

Volée de bois sec.

De même qu'aux élections d'il y a sept ans, d'il y a quatre ans, la presse jacobine et athée « s'en va-t-en guerre » comme Malbrough, contre le parti monarchique et catholique. Pour apprécier l'œuvre, c'est un bon moyen de connaître l'ouvrier. Voici ce que l'auteur du présent écrit pensait et disait naguère des *condottieri* du journalisme républicain et socialiste.

———◆———

... Ils sont là un quarteron et demi de lettrés douteux, ayant, comme les moutons du Berri, la laine et l'haleine courtes.

... Ambitieux éconduits, professeurs éreintés, fruits secs des Ecoles, rimeurs incompris, vaudevillistes sifflés, diplomates à la côte, braconniers de périodes, pêcheurs à la ligne, anonymes quand ils se cachent, plus anonymes encore lorsqu'ils se montrent.

... Reîtres apostés derrière une casse d'imprimerie avec leur plume, ainsi que le polémiste de Gil Blas au coin du bois avec son escopette; déjeunant de l'éloge et soupant de l'injure, d'après cette maxime que la *faim* justifie les moyens; ayant de l'encens pour tous les autels et de la résine pour tous les hôtels; ne croyant ni à Dieu, ni au diable; crachant sur les bronzes lorsqu'ils sont tombés, et se courbant devant les plâtres lorsqu'ils sont debout.

... Lorettes en paletot, méprisant l'honneur de même que le renard les raisins, recherchant les honneurs de même que Gobseck les rubans; masques de bienveillants et visages de jaloux, en cachette se diffamant avec aigreur, en public échangeant des poignées de main; jappant si l'on est généreux, mordant si l'on est prodigue; plus forts sur l'invective que sur la syntaxe, allant sur le pré pour y être vus brandissant des épées, et au cabaret pour y être remarqués croisant des fourchettes;

... Grelots fêlés, vessies gonflées, épis vides, sacrifiant tout à une saillie, jusqu'à la sainteté du foyer domestique; et pour effacer une tache faisant un trou; dressant et démolissant les réputations avec l'insouciance du tisserand et de l'effilocheuse, pourvu qu'on mette le prix

aujourd'hui à l'étoffe et demain à la charpie ;
.... Allant avec une égale foi et un même respect de l'église au temple et du temple à la
synagogue, lorsqu'ils y sont conviés pour un
mariage pompeux ou un enterrement illustre.
Ignorants, mais universels, confondant les
noms, les lieux, les dates, Pic de la Mirandole
doublés de Mangin, sauf qu'ils vendent des
plumes au lieu de crayons ; au demeurant bons
drilles, surtout les vieux, et moins courtisans
que courtisanes.

Eh bien ! Citoyens, voilà les arbitres, les ins-
pirateurs, les apôtres de ce que l'on appelle l'o-
pinion républicaine. Ils se vantent aujourd'hui,
de même que les précédentes fois, d'être
écoutés par les électeurs. Si vous saviez, bonnes
gens, comme ils se gaussent, entre un bock
mousseux et une pipe culottée, de votre can-
deur et de votre mansuétude ?...

—

PARIS

IMPRIMERIE F. LEVÉ

17, RUE CASSETTE, 17

—